바람, 꽃이 되다

추/천/사 1

최삼영의 시는 대부분 짧고 간결하면서도 번짐과 울림이 있다. 이는 그만큼 시다운 시, 운문이 지향하는 함축미가 잘 살아있다는 의미이겠다. 그러면서도 순수하며 긍정의 힘이 따스하게 녹아있다. 60여 편의 이번 시집에는 사물과 현상을 바라보는 시인의 진실한 세계관이 자연스럽게 배어나고 있다. 진한 화장을 한 것 같이 부자연스럽거나 작위적인 느낌이 전혀 없다. 그러면서도 충분한 공감력과 상상력을 지녔다.

또 한 가지는 식물성의 시라고 말하고 싶다. 꽃을 비롯한 나무 등 식물을 소재로 한 시가 많다. 그 식물들도 온실 같은 데서 잘 보살핌을 받는 것들이 아니라, 대부분 주변에서 흔히 볼 수 있으면서도 대접받지 못하는 쑥부쟁이, 민들레, 선씀바귀 같은 것들이다. 그만큼 시인의 시선은 낮고 힘없지만 저만의 따스함을 가진 것들에 닿아 있다. 그리고 거기서 긍정의 힘을 찾아내는 것이다. 시가 마땅히 지향해야 할 바가 무엇인가를 생각하게 하는 시, 최삼영의 시다.

서숙희 (시조시인, 포항문협회장)

추/천/사 2

－최삼영 시인의 시를 읽고 나서－

　시인의 상심, 깊은 슬픔, 그리움, 화석이 된 기억, 삶에 대한 의지와 용기는 모두 승화되어 마침내 시에서 꽃으로 피어난다. 시인의 시적 고백은 처연하고 숭고하다. 시를 쓰는 것은 마음의 치유와 회복을 거쳐 마음의 평화와 성장, 성숙으로 이끈다. 시인은 기도하고 묵상하는 구도자이자 시를 쓰며 자신을 갈고 닦는 수행자이다. 시로 다시 태어나지 않으면 죽을 수밖에 없는 고통의 숙명처럼, 시인의 삶 또한 영혼을 거듭나게 하는 구원의 길로 인도하는 소명의 길도 필연이리라. 시인에게 시는 치료제가 되고 꽃으로 다시 태어나 축복의 통로가 되게 하며 사랑이 꽃피는 삶이 되게 한다.
　시인의 시를 읽는 독자 또한 시를 통해 고난이 유익이 되게 하여 치유와 회복, 성장하는 삶을 살게 하고 꽃으로 피어나게 한다.

최소영
(시인, 문학치료학박사, 한국시치료연구소장, 경민대 외래교수)

추/천/사 3

한 사람의 목회자로서, 가장으로서 이 세상을 살아갈 때 수고하고 무거운 짐이 버거울 때가 있습니다. 주님 앞에 모든 것을 내려놓는 것이 정답인 걸 알지만 때론 저도 모르게 그 무게에 오롯이 눌려 있기도 하지요.

설교와 여러 원고 청탁들 때문에 수많은 글을 읽고 쓰고 지우지만 그 과정 속에서 자신의 삶 자체를 묵상하기란 쉽지 않습니다. 허나 시는 저의 시간을 늦추고 제 삶의 무게를 반추하게 합니다. 시는 단지 설교 때 인용하는 도구가 아니라 일상에 매여 있는 나를 자유케 하는 선물입니다. 최삼영 목사님은 시인으로서, 목회자로서 오랫동안 알고 지내온 사이입니다. 그의 시에는 삶의 고난과 아픔을 기쁨과 희망으로 승화한 여정들이 담겨 있습니다. 그래서 최삼영 목사님의 시는 아픔과 아름다움을 동시에 바라보게 합니다. 또한 걸어가는 길을 잠시 멈추고 뒤를 돌아볼 수 있도록 묵상으로 가는 오후를 선물합니다. 많은 이들이 시를 통해 함께 이런 즐거움을 누리게 되길 바라며 최삼영 목사님의 〈바람, 꽃이 되다〉를 기쁜 마음으로 추천합니다.

박진석 (기쁨의교회 담임목사)

감사의 글

　이십 년 만에 시집을 내놓으니 감회가 새롭습니다. 저에게 있어 시는 언제나 새롭고 그립고 목마른 샘입니다. 바닥까지 퍼낸 샘이 달고 시원하기를 바라며, 시적 감수성을 부여하신 나의 하나님께 먼저 감사를 드립니다.

　시의 길을 열어 주시고 끝까지 지켜봐 주신 장승재 선생님, 시집을 낼 수 있도록 격려해 주시고 추천사로 마무리해 주신 기쁨의교회 박진석 목사님께 거듭 감사를 드립니다. 편집을 맡아주신 김수홍 목사님, 추천사를 써주신 최소영 교수님, 서숙희 선생님, 힘을 보태주신 제철고 김복만 선생님께도 깊은 감사를 드립니다.

　평소에 기도와 사랑으로 함께해 주신 분들께 고마움을 전하며, 시로 인사를 드립니다. 시를 통해 세상과 소통하며 치유와 회복이 이루어지기를 소망합니다.

최 삼 영

목/차

추천사　　　　　　　　　3
감사의 글　　　　　　　 7

1부/봄

1. 바람, 꽃이 되다　　　14
2. 사랑이 오는 길목　　 16
3. 양지꽃 편지　　　　　17
4. 분홍판타지　　　　　 18
5. 민들레　　　　　　　 20
6. 장미 1　　　　　　　 21
7. 장미 2　　　　　　　 22
8. 출생신고　　　　　　 23
9. 아카시아꽃　　　　　 24
10. 이팝꽃　　　　　　　25
11. 주홍부전　　　　　　26

12. 선씀바퀴　　　　27
13. 낙화　　　　　　28
14. 어떤 신혼　　　　30
15. 우담바라　　　　32

2부/여름

1. 꽃무릇 1　　　　34
2. 꽃무릇 2　　　　35
3. 능소화　　　　　36
4. 천사의 나팔　　　37
5. 달맞이꽃　　　　38
6. 수국　　　　　　39
7. 선인장　　　　　40
8. 접시꽃　　　　　41
9. 천일홍　　　　　42
10. 순비기나무　　　43
11. 매듭풀　　　　　44
12. 안개꽃　　　　　45
13. 담쟁이덩굴　　　46
14. 나팔꽃　　　　　47
15. 휴가　　　　　　48

3부/가을

1. 묵상으로 가는 오후   50
2. 국화차를 마시며   51
3. 쑥부쟁이   52
4. 코스모스 연가   54
5. 단풍나무 아래서   56
6. 곡선을 생각하다   57
7. 보름   58
8. 향나무 서재   59
9. 허기   60
10. 해바라기   62
11. 정오의 공복   63
12. 눈물로 지은 밥   64
13. 바람꽃   65
14. 단풍   66
15. 할미꽃   67

4부/겨울

1. 시내산을 오르다   70
2. 동백꽃   72

3. 엉겅퀴	73
4. 병상일기	74
5. 비석	75
6. 시계	76
7. 촛불	77
8. 그 날	78
9. 화석	80
10. 게 다리 속에서 통통해진 저녁	81
11. 내일은 평화	82
12. 에덴의 동쪽	84
13. 집	86
14. 하이힐	88
15. 매화	89
작품해설	90

1부
/
봄

바람, 꽃이 되다

대숲을 건너온 바람
산중턱에 걸려 있다
불청객의 방문에
부르르 몸을 떠는 숲

미처 길을 내지 못한 바람
천마지 근처에서 머뭇거리는 동안
권태와 구습을 벗은 햇순이
연두로 팽창하고 있다

그래, 봄이다
질끈 눈물을 동여맨
계절 너머로 찔레꽃 피고
한숨과 비탄 사이
푸른 새벽이 왔다

칼바람 매서울수록
생각은 깊고 맑아
뿌리까지 향기로운 봄
바람에게 길을 묻는다

사랑이 오는 길목

꿈의 기차를 타고 아무도 가보지 않은
둘만의 세계로 여행을 떠나리라
작은 꽃들과 눈 맞추고
보글보글 끓어오르는 된장찌개를 함께 먹고
조약돌을 밟으며 해변을 산책하리라
노을이 흐르면 노을을 따라가고
무심의 강변을 함께 노저으면서
행복의 나라로 가리라
아직은 부드럽고 따뜻한
그의 팔을 베고 잠이 들리라
미처 고백하지 못했던 사랑을 고백하며
콩닥거리는 그의 가슴 위에
핑크빛 리본을 달아주리라
처음처럼 깔끔한 마음으로
그를 맞고 보내리라

양지꽃 편지

'잘 있느냐?'
안부를 물어도 대답 없는 아침
노랑을 찍어 편지를 쓴다

미안하다는 말 밖에는
쓸 것이 없어 아픈
입술을 닫았다 열면
하늘하늘 피어나는 그리움

보고 싶어
노랗게 타는 봄을
손바닥 위에 올려놓고
네 이름 부른다

분홍판타지

손톱 밑을 빠져나온 봄
네일아트로 반짝일 때
나르시즘에 젖은 오후
도천저수지 근처에서
분홍판타지를 연출한다

모닝 32러 4963
달리던 차를 멈추고
공중부양 된 하루를 읽는다

만개한 생각들
활옷 입고 승천하다
벼랑 끝에 몸을 날릴 때
산만한 슬픔이 둥둥
물 위에 뜬다

휘리릭, 손가락 사이로
빠져나간 시간을 소환하며
다시 시동을 건다

구불구불 휘어진 길을 따라
달리는 동안
허구를 벗은 하루가
철썩 바퀴에 감긴다

민들레

겹겹의
어둠을 사르며
사월이 왔다

내 그리움은
언제나 그 자리
노랗게 사무치다
별이 된다

멀고도 낯선 길
어디쯤서
너는 반짝이고 있나

밤마다
마음의 둘레를 스쳐가는
나의 소행성

장미 1

펜 끝에
피를 찍었다

'사랑해' 라고 쓰려다
펜을 내려놓았다

거짓도 때론
무르익은 소녀의 입술처럼
붉고 뜨거운 법

어느새
담장을 넘어온 오월이
철철 피를 흘렸다

장미 2

겹겹의 설렘으로 맞이하는
오월은 부셔 황홀한 속삭임
은총 가득한 하루를 선물로 받는다
살 속을 파고드는 억압과 조롱
푸른 면류관으로 받아
뼈 마디마디
용서와 화해의 꽃을 피우는 아침
겸손과 절제의 미덕에
부드러운 찬사를 보내며
거친 숨을 고른다

출생신고

봄은
쉬이 오지 아니하고
걸음마다 쉼표를 찍는다

오랜 진통 끝에
터지는 울음
으~앙

연두, 어린 가지에
햇살 부시다

아카시아꽃

후라이판 속에서 터진 봄
한 입 가득
팝콘을 밀어 넣고 있다

통통 젖살 오른 아침은
무릎 아래에서 찰랑거리다
힘껏 초록을 밀어 올린다

흐드러진 꽃들의 비명
잉잉 팔자 춤을 추며 오는
오월은 꿀맛이다

이팝꽃

모락모락 김 오르는
햇반 한 상
평상 위에 올랐다

고슬고슬한 아침이
조간신문으로 왔다

이밥 한 그릇의 행복
머리기사로 떴다

주홍부전

실오라기 하나의 희망
우화(偶話)는 살아 있다
아득한 존재의 몸부림
유체를 이탈한 봄은
노랑 줄무늬로 와서
허공이 부셨다

연발로 터지는 감탄사
수줍어 붉은 꽃밭
펄럭펄럭
승리의 깃발 나부끼며
자유가 왔다
해방이 왔다

선씀바귀

갈래갈래 찢어져도
청순함은 잃지 않았다

순백으로 맞이하는 사월을
고요히 묵상하다
맑음 한 점 놓고 가는 아침

무욕의 향취에
마음자리 깨끗하다

낙화

11층 아파트에서
투신한 봄이
투명한 슬픔으로
보문호를 떠돌고 있다

아직은 파닥이는 숨결
뽀얀 살내음이
천리향으로 번지다
차갑게 식는다

목숨 건 사랑의 굴절
생의 바닥까지 쥐어 짠 아픔이
산수유나무에 걸렸다
노랗게 흩어진다

날것의 비린내가 가득한 사월
금방이라도 무덤을 열고 나와

승천할 것 같은 봄이
갸릉갸릉
고양이 목구멍에 걸려 있다

어떤 신혼

낯선 수줍음이 잠시
빨랫줄에 걸렸다 사라지는
오전 열 시

두엄 냄새 물큰한
새 신랑 어깨 위에
진달래빛 봄이 앉아 있다

지지배배
명랑한 종달새의 노래는
아직 먼 나라의 방언

눈짓 몸짓 손짓 서툰
베트남 신부의 하루는
통통 부은 까치발이다

가까운 듯 먼 마음
씻어 안친 밥솥에선
설핏 사랑이 끓어오르고
어눌한 대화가 오가는 식탁엔
이색적인 행복이 자라고 있다

우담바라

풀잠자리 맑은 꿈
허공을 끌어당겨
가늘게 휜 자리
구름꽃 핀다

삼천 년에 한 번 핀다는
전설을 머리에 이고
하얗게 웃는 여자

깊어서 가벼운 생을
무겁게 들여다 본다

2부
/
여름

꽃무릇 1

9부 능선에서
끓어오른 마음
붉은 파열음

피어야 꽃
끓어야 사랑

꽃무릇 2

드릴 것 없어

마음만 뜨거운 여름

머리칼 빗어

고운 꽃등

능소화

찬물을 끼얹어도
다시 살아나는
불씨

여름 내내
몸이 뜨거웠다

천사의 나팔

행복이 시작되는
계절의 입구
나팔소리 우렁찼다

백마 탄 신랑
사랑을 인(印)치는 날
활짝 꽃등이 켜지고
수줍은 미소 발그레
신부가 입장했다

사방에서 터지는 축포
팡팡, 천국잔치 열렸다

달맞이꽃

블루문 슈퍼문
점점 밝아지는 문을 지나
블러드문에 서면
우주의 진공터널 너머
허니문으로 가는 길이 보인다

등 뒤에서 닫히는
세상 밖의 세상에서
소르르 열리는 그대

이름 석 자
엷은 입술에 물고
달디 단 꿈을 꾼다

수국

보랏빛 상처 도드라진
유월의 제주
웃음은 보약이다

둥글둥글 어우러져
밝은 세상
사랑은 다발로 온다

꽃구름 몽실몽실
행복나라로 가는
카멜리아 힐

동백은 가고
순백이 온다

선인장

열일곱 푸른 연모
마른 뼈에 닿았다

품을수록 까칠한
사랑은 고슴도치

타는 목마름 울컥
꽃대를 밀어 올렸다

다홍빛 웃음 고운
*아스완
부활의 아침이 왔다

*아스완: 이집트 남부의 유적도시

접시꽃

쌔근쌔근 잠든
아가의 엷은 숨소리
강 건너서 내게로 온다

쑥쑥 키가 자라는
유월엔 웃음소리도 커져
마을이 환하다

천일홍

짧은 한 철을
배경으로 만나
꽃이 된 그대

톡톡
점묘법으로 터진
여름의 창이 환하다

계절보다 앞서
꽃 진 마음
피어 다시 붉은
천 일

순비기나무

고래불 해수욕장 둘레길에서
처음 만난 얼굴
솔숲 그늘진 모래톱
남몰래 뿌리 내린 삶이
청보라빛 은둔이다

철썩철썩
파도가 밀려올 때마다
한 뼘씩 키가 자란 생각
짜디짠 하루를
기쁨으로 바꿔 놓는다

강과 바다
하늘과 땅
서로 다른 꿈과 꿈이 만나
또 하나의 꿈이 된 하구
행복은 숨은 꽃이다

매듭풀

자주 족두리 쪽진 머리
촘촘히 빗질한 여름 아씨
둥근 꽃가마 타고
신행(新行)길 나섰다

한 땀 한 땀 수놓은 사랑
꽃 매듭으로 마무리하는
칠월

더러는 어긋났다
다시 마주하는 기쁨을
빗살무늬로 펼치며
녹두 빛 고운 인연을 맺었다

안개꽃

하얀 웃음
하얀 모자

흩어진 생각들 모여
피는 유월

아침은
나프탈렌 향이다

담쟁이덩굴

어디로 가자는 것인가
끝없이 벼랑을 기어오르는 푸른 손
더듬고 더듬어도 알 수 없는
진리의 향방(向方)에 목말라 하다가
문득 돌아보니
걸어온 길 너무 멀어
목 놓아 목 놓아 울다가
다시 더듬더듬 전진하는 맹목의 삶
살아있다는 것만으로도 기뻐해야지
생각하다가도 뒤통수를 맞은 듯
아득해지는 벼랑 끝에서
천치 같은 하루를 질겅질겅 씹는다
담장 너머엔 무언가
반짝이는 것이 있을지도 모른다는
헛된 집념만 무성한 오늘
나는 어디로 가고 있는가

나팔꽃

나팔 음 경쾌한 아침
무도회 열렸다
삼박자로 온 청춘
삼삼오오 왈츠를 즐기는 강변
웃음은 보라

도회지로 떠난 젊은이들
돌아와 푸른 마을
담장이 팔랑거렸다
청순과 발랄을 입고 오는
여름은 낭만

휴가

국지성 소나기 몰려왔다
어머니, 시들해진 낯이
물 먹은 배추처럼 파들거렸다
지글지글 행복 파티
옆구리엔 삼겹살이 붙고
하하 호호 웃음 실은 정오
한바탕 명랑을 뿌렸다
흘러간 시간들 돌아와
반짝이는 마당귀
철퍼덕 그늘을 깔고 앉았다
주머니 속에서 살던 이야기들
툭툭 튀어나와 떠들썩한 고향집
모처럼 화색이 돌았다

3부

/

가을

묵상으로 가는 오후

귀가 순한 양떼들
한가로이 풀을 뜯는 오후
목장에는 평화가 가득하다

청명을 풀어헤친 바람은
바다로 흐르고
만추의 백사장엔
물새 떼 콕콕
젖은 햇살을 쪼고 있다

그리운 것들은
발자국으로 따라오고
조개껍질에 갇힌 시간은
묵상에 잠겨 고요하다

국화차를 마시며

찻잔에 핀 입술꽃
아직은
촉촉한 그리움이에요

미세한 행간 사이로
엷은 떨림이 지나가고
삼십 초의 행복이
삼십 년을 끌고 가요

마른 웃음
노랗게 살아나는
이탈리안 레스토랑

메인 화면에는
잘 익은 가을이 지나가고
우리들의 이야기는
따뜻한 설렘으로 깊어져요

쑥부쟁이

연보랏빛 그리움
만개한 들녘에 앉아
장문의 편지를 씁니다

어깨 너머로 배운
서툰 글이지만
약속이란 두 글자에
힘주어 방점을 찍습니다

언제 오시렵니까?

기다림의 벼랑 끝에서
꽃 진 사랑이어도
아주 지지는 않겠습니다

파릇파릇 새 잎 돋는 봄
허기진 어린 것들 달래는

쑥부쟁이, 어진 이름으로
다시 살겠습니다

코스모스 연가

오늘은 함께 웃어 봐요
빨주노초파남보
형형색색의 기쁨으로 차오르는
가을을 노래해요

우리 마음
우리 정성
하늘에 닿을 때까지
하늘빛 닮은 눈으로
사랑을 노래해요

무거운 생각들
하나 둘
밝음으로 피어나는 들녘을
손에 손잡고
함께 걸어 봐요

나 그대 안에
그대 내 안에
어우러져 하나의 별이 되는
행복한 세상을 함께 꿈꾸어요

단풍나무 아래서

그대가 짜 준 붉은 스웨터
올올이 사랑으로 직조된 가을을 입어
올 겨울은 춥지도 외롭지도 않을 것입니다

발밑에 수북이 쌓인 단풍잎이
시린 발을 덮어주듯
그대 따뜻한 마음의 이불 덮어
쨍쨍한 겨울 쉬이 녹을 것입니다

가고 오는 계절처럼
만났다 헤어지는 삶의 섭리 속에서
난로처럼 따뜻해지다
얼음처럼 차가와지기도 하는

마음과 마음끼리 부대끼며
세상을 헤쳐 나가는 오늘
그대 있음에 나 행복합니다

곡선을 생각하다

돌돌 말아 올린 시간
부드러운 웨이브로 흘러내리고 있다
갈색 톤으로 마무리된 저녁의 미닫이를 열자
진한 올리브 향 메인으로 달려온다
직선의 날카로움에 베인 하루를
토닥토닥 갈무리하는 원탁
가을은 혀끝에서 맛이 들고
포크와 나이프 사이에서 토막 난 이야기
따끈따끈 식은 찻잔을 데운다

보름

무한으로 열린 밤의 입구
우주가 빨려 들어가고 있다

진공청소기 안에서 조용해진
세상은 닦여 투명한 거울

허공으로 튕겨 오른 공은
터져 천지가 흰 빛이다

향나무 서재

웃자란 손톱을 자르듯
매일 아침 웃자란 생각의 가지를
잘라내는 것이 그의 일과다

향수를 뿌리지 않아도
향기로운 그의 서재에는
언제나 신간이 펼쳐져 있다

다소 무거워 보이는
시간의 겉장을 넘기면
매끈하게 다듬어진 문장들이
년도 순으로 압축되어 있다

버릴 것이 없는 삶
더러 상처의 흔적이 보이지만
무르익은 연륜 압권이다

허기

이 세상 어디에선가
주린 창자를 움켜쥔 채 죽어가고 있는
가난한 영혼의 기도를
하나님은 들으셨을까

삶의 허기는
한 그릇 밥만으로 채워지는 것이
아니라는 걸 미처 알지 못해
남의 몫까지 해치운 날엔
복통이란 달갑지 않은 손님이 오시더라

사랑으로 뜸들이지 않은 밥은
밥이 아니듯
사랑이 꽃피지 않은 삶은
삶이 아니라는 걸
불같은 사랑을 하고서야 문득 깨달았네

순수의 불씨가 살아나는 첫새벽
풀 먹인 모시옷처럼 정갈한
마음의 눈을 뜨고 보면
밥 그릇 속엔
흰 밥알만 있는 것이 아니다

해바라기

사랑은
더디 오는 것이라고

노랗게 익은 마음
꽃씨로 받습니다

더 따뜻해져야지
더 겸손해져야지

모난 마음 닳고 닳아
둥근 웃음

가을은 그저
감사뿐입니다

정오의 공복

벌겋게 달아오른 하루
빈 맥주병 속에서 뒹굴고 있다
마셔도 공복인 정오
여름은 까맣게 익어
프레리도그 눈 속에 박혀 있다
휑하니 열린 몽환
지쳐 꾸벅 잠이 드는
벽돌집, 낮술만 붉다

눈물로 지은 밥

자작나무 숲이 흔들린다
식탁 위엔 어린 것의 숨결 같은
햇살 몇 점
눈물로 지은 밥은 불어서 통통하다
평화가 사라진 내실엔
종일 비가 내리고
우산도 없이 걸어가는 여자
젖어서 강이 된다

바람꽃

살랑살랑
꼬리를 흔들 때마다
번지는 향기

피지 못한 마음
흔들려 핀다

피지 못한 꿈
흔들려 핀다

단풍

불길 번질까
마음의 빗장 단단히 걸어도
어느새
속살까지 붉어진 계절
절정을 향해 달리고 있다

절정에 이른다는 것은
죽음만큼이나 두려운 것임을 알면서도
끝내
이루어야 할 그 무엇이 있어
저리 뜨거운 몸부림인가

할미꽃

겸손은 가장 나중의 것
젊음과 힘 그리고 용기
자랑할 것 다 떠난 자리에
노을빛으로 스며드는 것

배경으로 물러난 후에야
전경이 되는 쓸쓸한 이치를
천 번 만 번 머리 조아려
깨우친 산비알

회한도 설움도
백발로 흐드러져 정겨운
노년을 허리춤에 업고
조심조심 일어선다

4부
/
겨울

시내산을 오르다

역사의 암반에 새겨진 야훼의 사랑은
뜨거운 비문(秘文)
낙타, 낙타몰이꾼, 순례객, 그리고 나
새벽 두 시의 시내산은
저마다의 십자가로 붉다

터벅터벅 낙타를 몰고 가는 이집트 소년
꼬레아, 꼬레아를 외치는 얼굴엔
엷은 달빛 가난처럼 흐르고
반가움과 서글픔이 한데 어우러졌다
흩어지는 산중턱 어디쯤서
낙타가 무릎을 꿇는다

잠시 나를 받쳐준 시간이
느릿느릿 떠나간다
오를수록 거칠어지는 호흡
마른 관절 깎아지른 산마루에서

늙은 모세를 만난다

찰칵, 여행의 한 컷을 기념하는 사이
동녘이 붉어지고
부신 해가 순례자의 영혼을 비추고 있다
문득 지구 밖으로 튕겨져 나온 듯 아득하다

동백꽃

백 년의 핍박
백 년의 저주를 넘어
축복이 온다
부흥이 온다

첫 사랑, 첫 맹세
폭풍처럼 휘몰아친
제주

꽃불은 번져
소인국으로 가고
평화는 쌓여
내게로 온다

엉겅퀴꽃

엄동설한에도 식지 않는 야성(野性)
보랏빛 투구 쓰고 만주벌을 달린다
산과 들 넘고 넘어
압록강으로 대동강으로
댕강, 목숨 달아나도
두 눈 부릅뜨고 지키는
내 나라 내 민족
고구려가 부활하고 있다

병상일기 (추간판 탈출)

뼈가 뼈를 공격했다
몸이 몸을 공격했다
죽음보다 깊은 통증이
저승을 끌어안았다 놓았다
칼끝 닿지 않아도 아프다는 것을
몸이 몸에게 가르쳤다
"누나가 왜 여기 있어?"
어금니 사이로 눈물이 흘렀다
몸이 아파서 울고
동생이 안부를 묻는데 아파서
또 울었다
너도 아프고
나도 아프다

비석

뼈를 깎아 쓴 역사
몇 줄 비문(碑文)이다

침묵보다 무거운 말
죽어서 산다

시계

하루 이십사 시
주변을 맴돌고 있다

똑딱똑딱
멀어졌다 가까워지는 일상
숨통을 조인다

삼백 예순 다섯 날
습관처럼 반복되는
헤쳐모임

불안과 평안의
시소게임

촛불

얼어붙은 마음
중심에서부터 뜨거워지고
홀로 밝은 생각 하나
바람도 없이 흔들리다
자정을 맞는다

몰락으로 가는 밤은
제 살을 태워 맑고
눈물은 젖어 향기롭다

빈 그릇으로 오는
새벽, 댕그랑
종소리 떨어진다

그 날

지는 해 다시 솟아
삼천리 방방곡곡
희망의 새 풀 돋았다

지성이면 감천
얼은 살아서
태극기 높이 날리고
삼천 리 금수강산
독립이 왔다
자유가 왔다

죽어 다시 피는 꿈
죽어 다시 사는 나라

사랑이여 오라
통일이여 오라

함박웃음 무궁화동산
세세토록 뻗어가는
그 날이여 오라
목이 터지도록 오라

화석

차고 견고한 기억의 하층에서
파르르 떨고 있는
나비 한 마리

화려했던 지상에서의 삶이
섬세한 촉수 끝
비릿한 꽃내음으로 남아 있다

매몰된 역사의 한 페이지를
온 몸으로 받아 쓴
존재의 흔적 또렷하다

게 다리 속에서 통통해진 저녁

한 상 가득 출렁이는 바다
펄떡, 청어가 뛰어오르고
우럭이 힘차게 꼬리를 흔들었다

곁눈질로 다가온 행복
게 다리 속에서 통통해진 저녁은
물결무늬로 와서
잔마다 웃음이 찼다

툭툭 터진 살점 향기로운
밤은 익어서 따뜻하고
눈썹만 남은 달 볼록
뱃속에서 살이 쪘다

내일은 평화

가속페달을 밟았다
삐융-삐융
경고음이 들리고
차단기가 내려왔다

급회전 급정거를
반복하는 사이
엔진은 망가지고
배기통은 수시로 쿨럭거렸다

마음 어디쯤서 지워진 길
마음 어디쯤서 끊어진 길

낡고 닳은 생각 하나
길 위에 내려놓고
다시 시동을 건다

천천히
아주 천천히

획획 지나친 것들
제자리로 돌아와 고요한
내일은 평화

에덴의 동쪽

덥석, 금기를 물었다
또렷한 자각
전라(全裸)의 부끄러움을
무화과 잎으로 덮었다

쿵쿵 가까워지는
아버지의 기척
민낯으로 불려나온 죄를
핑계와 변명으로 에둘렀다

뚝뚝 떨어진
아버지의 슬픔
피 묻은 양 울음소리에 스며
동산이 붉었다

동쪽으로 밀려난 세상은
탐욕의 사육장

순결을 잃고 평화를 잃어
아귀지옥인 바벨을
십자가에 못 박았다

천만 번을 고쳐 써도
진리는 죽지 않아
한 그루 생명나무로 부활하는
첫사랑, 하늘 문 열렸다

집

들여다보고
들여다보아도
빈 집이다

구름 한 점
바람 한 점
이슬 한 점
머물다 가는

문득
사랑하는 이의 목소리
부르르
문풍지처럼 떨다
사라진다

떠난 것들은
이중의 구속으로

남아있다

가볍거나 무거운
혹은
어둡거나 밝은

쌍두마차로 달리는
이분법의 세계에서
나는 나만의 질량을 찾고
나만의 색채를 찾는다

내 안에서 의미가 되고
내 안에서 소리가 되어
새롭게 태어나는 과거

빈 집에
햇살 소복하다

하이힐

콧대 높은 여자
이웃집에서 이사를 왔다
반짝이는 뒤태가 예사롭지 않았다

가까이 하기에도
멀리 하기에도 부담스런 첫인사
7센티의 긴장으로 왔다

51의 외출
정수리를 빠져나간 하루가
발가락에 끝에 닿았다

피곤한 귀가
7센티의 허영을 벗자
맨발의 평온이 왔다

매화

얼음 깨고 나온 햇살
노란 혓바닥으로
미간을 핥았다

수은주는 빨강
빠른우편으로 온 봄이
대문 곁에 섰다

맑은 빛 맑은 향
웃음도 맑아
하나님 기쁘셨다

– 작품해설 –

꽃과 일상의 의미는 무엇인가

장 승 재 〈시인. 한국문인협회 자문위원〉

(1)

시를 쓴다는 것은, 우리 주변에 수많이 보이는 사물의 깊은 의미를 살펴보고, 또한 우리 마음 깊은 곳의 성찰과 느낌을 차분하게 풀어보는 노력이 있어야 한다고 생각한다. 주변의 자연경관을 그냥 스쳐가듯 보기만 하고, 마음으로 느끼는 심상을 예사롭게 여기면, 시는 쓰여지지 않고 그냥 밋밋한 일상의 기록이 되어버린다. 그래서 좋은 시를 대하고 그 시를 읽으면, 마음의 깊은 곳에서 울림이 오고 우리 감성을 풍요롭게 만들어 준다. 따라서 많은 사람들이 시 읽기를 원하고, 시인은 혼자만의 느낌으로 끝나기보다 다른 사람에게도 같은 느낌을 전하려 시집을 내고, 또한 문학지와 동인지로 자신의 시를 세상에 내어놓으려 한다.

  최삼영의 시를 처음 대한 것은 30년 전 쯤이라 여겨지는데, 첫 시집을 내고 그 후 시인으로 살기보다 신앙인으로 목회자의 길을 걸어오면서 시와는 좀 멀어진 줄 알았는데, 이번에 시집을 상재한다기에 조금은 놀라고 또 큰 기쁨으로 최시인의 작품을 대하였다.

  최삼영 시인을 한마디로 소개한다면, 자연에 대한 사랑과 사람의 마음을 깊이 있게 조영하는 시인이라 하겠다. 특히 최시인은 자연의 많은 소재 중에서도 꽃을 사랑하고 그 꽃이 주는 의미와 감명에 깊은 시상을 엮고 펴내는, 어쩌면 꽃의 시인이라 할 수 있다.

  이번 시집에서 꽃을 주제로 쓴 작품을 대충 살펴보니, 국화, 매화, 동백꽃, 민들레, 장미, 능소화, 수국, 접시꽃, 코스모스 등, 우리 주변에서 흔히 볼 수 있는 꽃을 주제로 시를 썼는가 하면, 좀 보기 드문 이팝꽃, 양지꽃, 안개꽃, 꽃무릇, 씀바퀴, 달맞이꽃같은 꽃을 시제로 쓴 시가 많아 꽃을 사랑하고 꽃에 대한 깊은 사색을 하는 시인이라 여겨진다.

  그런가하면, 나무도 좋아 나무도 깊이 음미하는 시인이기도 하다. 단풍나무를 비롯해 보기 드문 순비기나무, 담쟁이넝쿨도 주제로 자신의 시적 의미도 풀어 놓았다. 그리고 최시인은 시를 길게 쓰지 않고 짧게 단시 쓰기를 즐기는 시인이라 생각한다. 이번 시집의 반은 단시가 차지하고 있다.

(2)
이제부터 최삼영 시인의 작품을 감상해 보기로 한다.

먼저 시집의 제호가 된 시 〈바람, 꽃이 되다〉 바람은 우리가 사는 곳 어디에서나 불고 있다. 만질 수도 볼 수도 없는 기체인 바람, 그런데 시인은 이 바람에게 무슨 길을 묻는다고 했을까? 대숲에 부는 바람, 댓잎을 흔들며 부는 바람이 권태와 구습, 한숨과 비탄같은 우리 삶 속에 켜켜이 쌓여있는 먼지같은 쓰잘데 없는 것들을 훌훌 날려버리고, 따뜻하고 향기로이 불어온다고 형이상학적인 사실을 풀어놓았다.

> … 칼바람 매서울수록
> 생각은 깊고 맑아
> 뿌리까지 향기로운 봄
> 바람에게 길을 묻는다

바람이 추운 겨울을 몰아내고 찔레꽃을 피우며 겨우내 움츠러 있던 어둠같은 일상을 모두 날려버리고,

푸른 새벽을 열고 향기로운 봄을 불러온다는 시인의 내적 시상속의 바람은, 자연의 바람보다는 시인이 의지하는 전지전능하신 하나님이 아닐까? 생각해 본다.

　　　　병상 일기

　　　… 죽음보다 깊은 통증이
　　　저승을 끌어안았다 놓았다
　　　칼 끝 닿지 않아도 아프다는 것을
　　　몸이 몸에게 가르쳤다 …

　시인들은 일상생활 속에서 보는 자연의 풍경, 느끼는 감성, 마음에 와 닿는 심상 등으로 작품을 구상하고 시를 펼쳐놓는다. 그래서 시인들은 좋은 것, 기쁜 것, 아름다운 것, 감동을 주는 것 등, 긍정적이며 어둡지 않은 밝은 시상으로 시 쓰기를 좋아한다고 생각한다.
　그런데 많은 작품 가운데 최시인은, 유일하게 자신의 병상일기를 작품으로 풀어놓았다. 〈추간판 탈출〉이라는 부제를 달았는데, 언제 어떤 사고를 당해 척추를 다치고, 그 아픔을 괴로워하면서도 혼자 삭히지 않고 온전히 시로 풀어놓아서 독특한 작품으로 다가왔다.

많은 사람들은 일상을 살면서 크게 어려움을 당하거나 주변에서 갑자기 일어난 사고나 사건, 또한 자신에게 일어난 생각지도 못한 큰일을 당하고 보면, 괴로워하거나 슬퍼하고, 어떻게 이 어려움과 아픔에서 헤쳐나올까 하고 고민하면서 진정으로 괴로워하기 마련이다. 어쩌면 최시인도 어느 날 갑자기 몸을 다쳤을 때, 이러한 마음으로 이 시를 쓰지 않았을까 생각한다.

… "누나가 왜 여기 있어?"
어금니 사이로 눈물이 흘렀다
몸이 아파서 울고
동생이 안부를 묻는데 아파서
또 울었다
너도 아프고
나도 아프다

끝 연에서 풍기는 아픔을 독자 모두가 함께 느낄 수 있을 만큼 아프다는 감정을 철저하게 표현했다. 특히 눈에서 눈물이 흐른 게 아니고 어금니 사이로 눈물이 흘렀다는 구절에서, 이를 앙다물고 아픔을 참으려 했지만 결국 눈물이 주르르 흐르고 말았다는 것을 함께 느낄 수가 있었다.

출생신고

봄은
쉬이 오지 아니하고
걸음마다 쉼표를 찍는다
오랜 진통 끝에
터지는 울음
으 ~앙

연두, 어린 가지에
햇살 부시다

    새봄이 오면 마른 땅에 풀잎이 새로 돋아나고, 마른 나뭇가지에는 새움이 돋아난다. 새잎이 돋아나야 할 가지가 좀체 잎을 내지 않으면 봄이 와도 봄을 느낄 수 없게 된다. 봄을 시샘하는 겨울 추위가 원망스러워 지기도 한다. 시인은 입을 다물고 있는 가지 끝의 움을 흡사 임부의 불룩한 배처럼 보았다. 곧 태어날 아기가 날이 찼는데도 태어날 낌새를 보이지 않으면, 임부는 물론 아기를 기다리는 주변인들도 애쓰게 된다. 그러나 어느 날 갑자기 움이 터지고 연초록 새잎을 쏙 내밀면. 마치 아기가 으앙 하고 울음소리를 내듯, 시인에게는 새잎이 아기가 되고, 그 즉시 출생신고를 하는 것으로 여겼을 것이다.

(3)

단시는 길게 이어 쓴 장시보다는 느끼는 감성이 더 풍부할 때가 있다. 어떤 사물의 시상을 길고 자상하게 풀어놓으면, 독자들은 시인이 느꼈던 감성을 쉽게 동참할 수가 있다. 조금은 난삽하더라도 전체적인 시상과 이미지는 시인과 비슷한 범주까지 닿을 수 있다.

그러나 짧은 단시에서 함축된 이미지와 시어로, 시 전반의 이미지, 시인이 느꼈던 주상념을 콕 집어낸다는 것은 조금은 어려워진다. 어쩌면 시인의 느낌 근처를 맴돌 수도 있지만, 단시가 주는 산뜻함 때문에 장시에서 느끼는 감정보다 앞설 수도 있다.

능소화

찬물을 끼얹어도
다시 살아나는
불씨

여름 내내
몸이 뜨거웠다

　진한 장미처럼 붉은 색은 아니지만, 주황색을 띤 능소화는 흡사 숯불이 뿜어내는 은은한 열기를 머금고 있다고 보았다. 아궁이에 장작을 지피고 그 불을 끄기 위해 물을 뿌리면, 불꽃은 금세 사라지지만 장작이 타고 남은 숯에는 불씨가 그대로 있어서 조금 뒤에는 발갛게 달아오르고 열기를 내뿜는다. 그래서 시인은, 능소화 그 색감을 숯불이 뿜어내는 뜨겁고 환한 빛깔로 보았으리라. 그래서 찬물을 끼얹어도 다시 살아나고 그 곁에만 가도 한여름의 뜨거움을 느꼈으리라.

비석

뼈를 깎아 쓴 역사
몇 줄 비문(碑文)이다

침묵보다 무거운 말
죽어서 산다

이 작품은 어떤 비석을 보고 시상을 다듬었는지 모르지만, 우리 역사 속의 인물 묘 앞에 놓인 비석인지, 아니면 역사 속 현장의 비석인지, 또 아니면 어떤 분의 무덤 앞 평범한 비석을 보고 쓴 것인지 알 수 없지만, 돌에 새겨진 몇 줄 비문을 뼈를 깎아 쓴 역사라고 했으니, 역사 속의 꼭 기억해야 할 비석이 아닐까 한다.

 역사는 종이에 붓글씨로 기록하지만 중요하고 영원히 기억해야 할 일들은, 우리 선조들은 돌에 그 사연을 새겼다. 그래서 수백 년이 지난 오늘 날까지도 비석에 새겨진 사연은, 몇 줄밖에 안 되더라도 우리에게 던지는 의미는 크게 전해온다. 특히 그 사연은 침묵 속에 뜨겁게 전해오고, 비록 비문 속의 인물은 죽어 말을 전하지 못하지만, 죽었기 때문에 비문으로 흡사 살아있듯이 산 말로 전해 온다는 "죽어서 산다"라는 끝 구절은 이 시의 압권이라 생각한다.

(4)
 최삼영 시인은 시인이기에 앞서 신앙인이고, 신앙인들을 사목하는 목회자이다. 그래서 이번 시집에는 신앙에 대한 작품이 많을 줄 알았는데, 뜻밖에 신앙시가 적어서 필자는 조금 아쉬움을 느끼기도 했다. 그리스도 신앙으로 사목하는 목회자가 거의 남성인데 비해

여성으로 목회자가 되고, 또한 교회까지 창립했다는 최시인 아닌 최목사로서 돋보이는 게 사실이다. 목회자라고 꼭 신앙시를 많이 써야 한다는 이유는 없지만, 여류시인이 안수를 받아 목사가 되었기 때문에 사목을 하면서 남다른 시세계를 품었을까 하는 것은, 독자들이 가지는 어떤 바람이 아닐까 하는 생각을 해 보았다.

아무튼, 이번 시집에서 신앙시라면, 〈묵상으로 가는 오후〉와 〈시내산을 오르다〉 두 편이 아닐까?

묵상으로 가는 오후

귀가 순한 양떼들
한가로이 풀을 뜯는 오후
목장에는 평화가 가득하다

청명을 풀어헤친 바람은
바다로 흐르고
만추의 백사장엔
물새 떼 콕콕
젖은 햇살을 쪼고 있다

그리운 것들은
발자국으로 따라오고
조개껍질에 갇힌 시간은
묵상에 잠겨 고요하다

늦은 가을 바닷가 모래밭을 거닐다 물새 떼를 만났을 때, 시인이 느낀 감정을 풀어낸 작품이라 여겨지지만, 이 작품에 나오는 목장의 순한 양떼와 바닷가 물새떼는 시인이 사목하는 신자들이라 생각해 본다.

사목하는 교회에 평화가 가득하고, 바깥 세계 바닷가 백사장엔 떼로 모여 있는 물새들, 그들은 일상을 살아가는 평범한 사람들로서 하나님을 믿는 평화보다 먹고 사는 일이 더 중요해서 모래 속에 숨어있는 갯벌레를 콕콕 쪼는 일에 더 열중한다. 그래서 평화의 시간은 조개껍질에 갇혀있고, 시인은 어떻게 하면 그 시간을 풀어낼까 묵상을 한다는, 깊은 속내가 비치는 작품으로 여겨진다.

시내산을 오르다

역사의 암반에 새겨진 야훼의 사랑은

뜨거운 비문(秘文)
낙타, 낙타몰이꾼, 순례객, 그리고 나
새벽 두 시의 시내산은
저마다의 십자가로 붉다

터벅터벅 낙타를 몰고 가는 이집트 소년
꼬레아, 꼬레아를 외치는 얼굴엔
엷은 달빛 가난처럼 흐르고
반가움과 서글픔이 한데 어우러졌다
흩어지는 산중턱 어디쯤서
낙타가 무릎을 꿇는다

잠시 나를 받쳐준 시간이
느릿느릿 떠나간다
오를수록 거칠어지는 호흡
마른 관절 깎아지른 산마루에서
늙은 모세를 만난다

찰칵, 여행의 한 컷을 기념하는 사이
동녘이 붉어지고
부신 해가 순례자의 영혼을 비추고 있다
문득 지구 밖으로 튕겨져 나온 듯 아득하다

시내산은 중동의 이집트 영토인 시나이반도 끝자락에 있는 산으로, 그리스도인이라면, 한 번쯤 가보고 싶어 하는 성지이다. 구약성경 출애굽기에 나오는 모세의 행적 가운데, 모세가 야훼를 만나 십계명을 받고 이스라엘인들을 젖과 꿀이 흐르는 땅으로 이끈다는 곳이다.

최시인이 언제인가 성지순례로 시내산을 오른 뒤 그 감동을 시로 풀어낸 작품이라 여겨진다. 시내산 길이 가파르고 바위가 많아 순례자들이 걸어서 오르기엔 무척 힘들다고 한다. 더욱이 새벽길을 나서야 하기 때문에 이집트인들이 낙타몰이 장사를 한다고 한다. 시인은 이집트 소년이 모는 낙타를 타고 가면서, 시내산과 모세가 주는 성경 속의 정감과 깊은 묵상 대신 이른 새벽에 낙타를 모는 소년에게 더 깊은 동련의 마음을 느꼈을까?

어느 성지를 순례하든 그 성지의 뜻을 새기기보다 풍광이나 사람에 대한 곁가지를 작품 속에 구상하는 것은 그렇지 낯설지는 않다. 그런데 최시인이 시내산만 다녀온 게 아니라면, 다른 성지에 관한 작품도 있지 않을까 하는 의문이 든다.

어쨌든, 최삼영 시인이 목사로서, 양들을 사목하는 목자로서, 앞으로 더 깊은 묵상과 신앙심으로, 빛나는 신앙시를 많이 보여줄 것을 기대하면서, 짧은 해설의 펜을 놓는다.

바람, 꽃이 되다

2020년 3월 9일 초판 발행

지 은 이 | 최삼영

편　　집 | 김수홍
디 자 인 | 사라박
펴 낸 곳 | 도서출판 하영인
등　　록 | 제504-2019-000001호
주　　소 | 포항시 북구 삼흥로411
전　　화 | 054) 270-1018
홈페이지 | https://blog.naver.com/navhayoungin
이 메 일 | hayoungin814@gmail.com

ISBN 979-11-966074-7-0(03800)

값 10,000원

※ 낙장 · 파본은 교환해 드립니다.

이 도서의 국립중앙도서관 출판시 도서목록(CIP)은 서지정보유통지원시스템 홈페이지
(http://seoji.nl.go.kr)와 국가자료공동목록시스템(http://www.nl.go.kr/kolisnet)에서
이용하실 수 있습니다. (CIP제어번호: CIP2020008096)